INSTRUCTIONS DU 12 MARS 1889

SUR

LE SERVICE ET L'EMPLOI

DE

L'ARTILLERIE DE MONTAGNE

AUX COLONIES

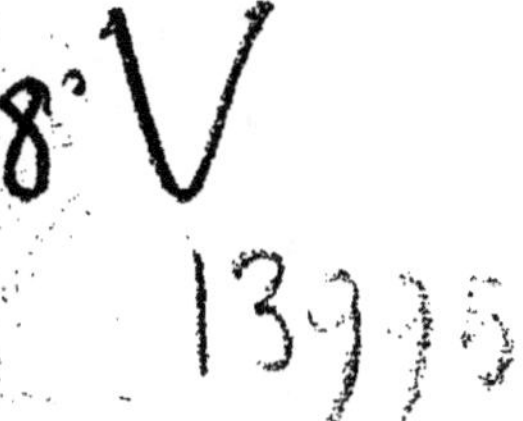

MINISTÈRE DE LA MARINE

INSTRUCTIONS DU 12 MARS 1889

SUR

LE SERVICE ET L'EMPLOI

DE

L'ARTILLERIE DE MONTAGNE

AUX COLONIES

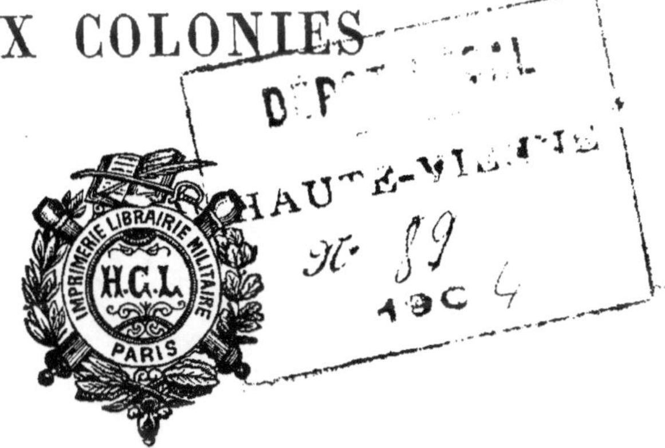

PARIS
HENRI CHARLES-LAVAUZELLE
Éditeur militaire
10, Rue Danton, Boulevard Saint-Germain, 118
(MÊME MAISON A LIMOGES)

1904

AVANT-PROPOS

Le matériel de 80 millimètres de montagne constitue actuellement l'armement principal des troupes d'artillerie de la marine dans leurs opérations aux colonies.

Aucun document officiel n'établissant le service et l'emploi de l'artillerie de montagne n'a encore été publié; le seul règlement concernant l'artillerie de montagne est celui du 22 mars 1882, qui ne traite que de la manœuvre proprement dite du canon de 80 milimètres.

Les présentes instructions ont pour objet de combler cette lacune.

Elles comprennent quatre chapitres:

Chapitre Ier. Principes généraux.
— II. Marches.
— III. Stationnement.
— IV. Combat.

Le chapitre Ier donne la nomenclature des divers services dont l'artillerie est chargée dans un corps expéditionnaire aux colonies.

Il contient des renseignements sur la force en artillerie d'une colonne expéditionnaire, indique la composition normale d'une batterie de montagne et traite des relations des officiers d'artillerie entre eux et avec les commandants des troupes des autres armes.

Dans le chapitre II, on a exposé, en ce qui concerne les marches, le dispositif des divers éléments de la batterie, les devoirs des officiers et des chefs de pièce, les incidents qui peuvent survenir et les précautions à observer.

Le chapitre III traite du stationnement. Des prescriptions de détail concernant les hommes, les animaux et le matériel seront utilement consultées.

Le chapitre IV indique le mode d'emploi de l'artillerie de montagne dans le combat offensif et défensif et les règles techniques à observer.

On a donné, à titre de renseignement, à la fin du volume, un exemple de répartition du tir d'une batterie sur un objectif déterminé (Annexe I), et un modèle du rapport à établir par le capitaine commandant sur la part prise par la batterie dans le combat (Annexe II).

INSTRUCTIONS DU 12 MARS 1889

SUR

LE SERVICE ET L'EMPLOI

DE

L'ARTILLERIE DE MONTAGNE AUX COLONIES

CHAPITRE PREMIER

PRINCIPES GÉNÉRAUX

Service de l'artillerie dans un corps expéditionnaire aux colonies.

Art. 1er. — Dans un corps expéditionnaire, l'artillerie est chargée :

1° Du service des bouches à feu;

2° De l'établissement et de la construction de toutes les batteries; des reconnaissances qui se rattachent à l'attaque ou à la défense des places et des postes fortifiés;

3° De l'approvisionnement du corps expéditionnaire en armes et en munitions de guerre;

4° Des passages en bateaux et de l'établissement des ponts construits avec des matériaux trouvés dans le pays.

L'artillerie de marine étant actuellement chargée du service du génie aux colonies, pourra en outre être appelée à diriger les travaux confiés au génie par le décret sur le service des armées en campagne.

Composition de l'artillerie d'une colonne expéditionnaire.

Art. 2. — La composition en artillerie d'une colonne expéditionnaire est essentiellement variable; elle dépend de l'effectif de la colonne en infanterie, du but de l'expédition, de la force et des qualités de l'ennemi contre lequel l'expédition est dirigée et aussi de la nature du théâtre des opérations.

Dans tous les cas, il est utile de ne pas oublier que, dans les expéditions aux colonies, les troupes européennes ont le plus souvent, relativement à leurs adversaires, une grande infériorité numérique qui doit être compensée par l'effet moral produit par une forte proportion d'artillerie.

Toutes les fois que l'artillerie d'une colonne expéditionnaire comprendra, au moins, une batterie de 6 pièces, le commandement de l'artillerie de la colonne devra être distinct du commandement technique des unités de l'arme.

Composition d'une batterie de montagne.

Art. 3. — La composition d'une batterie de

montagne attachée à une colonne expéditionnaire sera, autant que possible, la suivante :

1° Personnel

Officiers.	Hommes.	Chevaux.
Capitaine-commandant...	1	1
Capitaine en second......	1	1
Lieutenant en premier...	1	1
Lieutenants en second ou sous-lieutenants.......	2	2
Total...	5	5

Troupe.	Hommes.	Chevaux (3).
Adjudant...............	1	1
Maréchal des logis chef..	1	1
Sous-chef artificier.......	1	»
Maréchaux des logis.....	7	»
Fourriers...............	2 (1)	2
Brigadiers..............	9	»
Artificiers..............	6	»
Trompettes.............	3	3
Ouvriers de batterie.....	4	»
Maréchaux ferrants.....	3 (2)	3
Bourreliers.............	2	»
Canonniers servants........	60	»
Canonniers conducteurs....	60	110 mulets.
Totaux......	159	120
Auxiliaires indigènes....	60	

(1) Dont 1 maréchal des logis et 1 brigadier.

(2) Dont 1 maître.

(3) En principe les officiers et les hommes des cadres sont montés en chevaux ; à défaut de ces derniers, le mulet de Chine et celui d'Algérie peuvent fournir des montures possédant des qualités très appréciables.

2° Matériel

Canons de 80mm de montagne..	6
Affûts complets................	6
Caisses à munitions...........	48
— pour outils d'ouvriers en bois..............	2
— d'approvisionnements..	6
— pour instruments......	1
— non garnies...........	7
Forge avec outillage...........	1
Outils de pionniers : 18 pelles, 12 pioches formant le chargement d'un mulet.	

Sections de munitions.

Canon de rechange...........		1
Affûts de rechange avec roues, rallonge de flèche et limonière.		3
Caisses à munitions d'infanterie	pour fusil.... 34 pour revolver. 2	36
Forge avec outillage..........		1
Caisses de transport d'approvisionnements................		2
Caisses de transport non garnies.		4
— à munitions d'artillerie.		36

Il ne sera pas toujours possible de donner à une batterie de montagne aux colonies la composition précédente. Dans tous les cas, l'autonomie de la section devra être la base de l'organisation de la batterie.

Relations des officiers d'artillerie avec les commandants des troupes.

Art. 4. — Le commandant de l'artillerie d'une colonne expéditionnaire exerce, sous les ordres du commandant en chef, le commandement supérieur des troupes et des services de l'artillerie de la colonne. Il fait partie du quartier général et se trouve ainsi à portée du commandant en chef pour recevoir ses ordres, les provoquer s'il y a lieu, les exécuter ou les transmettre et soumettre au commandement toutes les propositions relatives à la bonne exécution des services qu'il dirige, principalement en ce qui concerne l'approvisionnement de la colonne en matériel et munitions de guerre.

Il donne directement des ordres aux troupes et aux services de l'artillerie qui ne font pas partie intégrante des unités de commandement.

Les troupes d'artillerie faisant partie intégrante des unités de commandement sont directement sous les ordres des commandants de ces unités.

Il est défendu aux officiers d'artillerie de communiquer à tout autre qu'au commandant en chef et à son chef d'état-major, aux officiers supérieurs de leur arme, aux commandants d'unités de commandement sous les ordres desquels ils sont employés ou à leurs chefs d'état-major, les états d'approvisionnement et la situation des munitions.

Dans les convois qui ne se composent que de munitions de guerre, le commandement appartient à l'officier d'artillerie, pourvu qu'il soit d'un grade supérieur ou même égal à celui du commandant de l'escorte.

Dans tous les cas, le commandant de l'escorte défère, autant que la défense ou la protection du convoi lui paraissent le permettre, aux demandes de l'officier d'artillerie, en ce qui concerne les heures de départ, les haltes, la manière de former le parc, l'ordre à y maintenir et les sentinelles à placer.

CHAPITRE II

MARCHES

Des marches aux colonies.

Art. 1er. — Les conditions essentiellement variables de climat, de nature du sol, de viabilité, etc..., dans les différentes colonies et dans une même colonie suivant la région parcourue et l'époque de l'année, ne permettent pas d'établir, *a priori*, pour les colonnes, des ordres normaux de marche.

Les principes dont le commandement pourra s'inspirer pour régler les marches sont les suivants :

Donner de l'air, dans une colonne, aux différentes unités de marche en augmentant leur indépendance relative, et, dans une unité de marche, à ses divers éléments.

Lorsque l'expérience des premières marches le lui permettra, le commandant en chef fixera les distances entre les unités de marche, et les commandants des unités de marche fixeront les distances entre les éléments de l'unité, dans la limite prescrite.

En terrain accidenté ou difficile, les haltes devront être fréquentes. Il en sera de même lorsque des circonstances exceptionnelles obligeront à marcher pendant les heures les plus chaudes du jour.

Près de l'ennemi, l'obligation de marcher en ordre aussi concentré que possible nécessitera non seulement des haltes périodiques fréquentes, mais des haltes d'autant plus prolongées que la route suivie sera plus accidentée. Il appartiendra au commandement d'en fixer la fréquence et la durée.

Quel que soit le mode de transport employé pour l'artillerie de montagne, il est certain que la nécessité d'intercaler des unités d'artillerie dans des unités d'infanterie ralentit, quoi qu'on fasse, la vitesse de marche des soldats d'infanterie dont le sac peut être notablement allégé aux colonies. Aussi l'artillerie doit-elle s'efforcer, par la stricte observation des règles de discipline spéciales aux marches, d'éviter à une colonne des à-coups inutiles. De son côté l'infanterie doit tenir compte des difficultés qu'éprouve l'artillerie à transporter son matériel et ne pas se séparer d'elle pour se ménager le concours des batteries dans le combat.

On pourrait citer des exemples de colonnes d'infanterie ayant subi des échecs après s'être volontairement privées de leur artillerie, sous prétexte qu'elle ralentissait ou qu'elle entravait leur marche.

Lorsqu'une situation tactique bien définie n'imposera pas les places à donner à l'artillerie dans une colonne en marche, il y aura intérêt à la répartir par batteries isolées entre les unités de marche d'infanterie. Ce mode de fractionnement à été fréquemment employé au Tonkin. Il a l'avantage de répartir les allongements accidentels de l'artillerie et, par suite, de limiter et même de supprimer les à-coups sans que le commandement soit obligé de laisser de trop grandes distances entre les unités d'infanterie et les unités d'artillerie.

La conservation des effectifs aux colonies dépend en grande partie de l'organisation des marches qui appartient au commandement et de quelques précautions hygiéniques simples et faciles à mettre en pratique, qu'un ordre général devra indiquer.

Les gradés subalternes devront veiller minutieusement à l'observation stricte de ces précautions. Les officiers devront s'assurer que les mesures prescrites sont connues de tous. L'inexécution des prescriptions hygiéniques de la part des hommes de troupe provient plus souvent d'ignorance que de mauvais vouloir.

Les périodes de marche sont les périodes les plus pénibles des opérations. Aux colonies surtout, où l'ennemi est souvent insaisissable, l'homme de troupe, exécutant des marches dont il ne comprend pas nettement le but, s'affecte, chemine péniblement et, si l'on n'y prend garde, perd bientôt tout ressort moral. C'est par suite à entretenir le moral de leurs hommes que doivent tendre les efforts constants des officiers pendant les marches.

Les exercices des périodes de paix, tant en France qu'aux colonies, ne permettent ni au commandement ni même aux officiers d'artillerie de se rendre un compte exact de ce qu'il est possible d'exécuter avec les batteries de montagne au point de vue des marches. Il conviendra, afin que chacun sache quelle est la limite des efforts qu'on peut demander, non pas de chercher les difficultés, mais de ne pas les éviter, à moins de raisons majeures. Officiers et hommes de troupe puisent une grande hardiesse et une grande confiance dans le souvenir de la fatigue supportée ou de la difficulté vaincue. L'expérience des dernières expéditions coloniales montre que l'artillerie de montagne bien conduite passe toujours où passe non pas un soldat d'infanterie isolé, mais une troupe d'infanterie moyennement entraînée.

Formations de marche de l'artillerie de montagne.

Art. 2. — La batterie est l'unité de marche de l'artillerie de montagne.

Le matériel d'une batterie de montagne (canons et affûts) peut être transporté à dos d'animaux ou attelé.

Les caisses à munitions ne peuvent être généralement que portées.

Il pourra arriver, dans les circonstances si variées des expéditions de guerre aux colonies, que l'artillerie ait à sa disposition des animaux de bât en nombre insuffisant pour organiser un mode de transport uniforme pour tous les éléments d'une même batterie. Elle emploiera dans ce cas un mode de transport mixte ; souvent, elle fera porter une partie de son matériel par des auxiliaires indigènes.

L'expérience des dernières expéditions a fait admettre que la charge sur roues que peut traîner un indigène ne doit guère dépasser un poids de 40 kilog. et que celle qu'il peut porter ne doit guère excéder un poids de 25 kilogrammes.

D'où la nécessité : 1° d'employer 8 indigènes à traîner le canon sur son affût ; 2° d'affecter 4 indigènes au transport de chaque caisse de munitions, de rechanges, d'outils, etc.

Il sera souvent utile d'employer, pour le transport des munitions et rechanges, des caisses de dimensions réduites pouvant être portées facilement par deux hommes.

Lorsque la batterie de montagne sera régulièrement constituée, le transport à dos d'animaux sera la règle.

Dans quelques cas spéciaux, qu'il appartiendra au commandant en chef d'indiquer, le mode de transport par attelage pourra être avantageusement employé (bonnes routes, terrain plat et ferme, etc.), mais il faudra être assuré qu'aucun accident de route n'obligera à revenir au transport à dos, une opération de ce genre étant de nature à provoquer des arrêts et des à-coups dans la marche d'une colonne.

Des nécessités d'ordre intérieur (mulets blessés, malades, etc.), obligeront souvent un commandant de batterie à faire transporter par attelage une partie du matériel de la batterie. Il devra, dans ce cas, rendre compte des mesures prises au chef de l'unité de commandement à laquelle sa batterie est affectée ou, suivant le cas, au commandant de l'artillerie. Toute disposition qui modifie les conditions ordinaires de marche d'une batterie doit être portée à la connaissance du commandement.

Fractionnement de la batterie. — Quel que soit le mode de transport employé, la batterie de montagne se fractionne en quatre éléments :

1° La batterie de combat composée de 6 pièces, de 24 caisses à munitions et fortement constituée en personnel;

2° La réserve de batterie comprenant 24 caisses à munitions, les caisses d'approvisionnements, d'outils, la forge et 1 mulet porteur d'outils ;

3° La section de munitions, composée de 36 caisses à munitions d'artillerie, 36 caisses à munitions d'infanterie, 1 forge, des caisses d'approvisionnements et des rechanges de matériel:

4° Le train régimentaire de la batterie comprenant les vivres, les bagages des officiers, la réserve d'effets.

Le personnel non employé à la batterie de combat sera réparti entre la réserve de batterie et la section de munitions, pour exécuter les manœuvres de chargement et de déchargement des mulets.

Les deux premiers éléments (batterie de combat et réserve) marchent réunis.

La section de munitions fait partie du train de combat de la colonne.

Le train régimentaire de la batterie fait partie de la colonne des trains régimentaires.

Il est souvent nécessaire d'opérer des mutations d'animaux entre les divers éléments d'une batterie, de manière à faire porter les charges les moins lourdes par les animaux reconnus les plus faibles ou les plus fatigués, de manière aussi à limiter la gravité des blessures en faisant porter successivement aux mulets des charges différemment réparties sur les bâts.

Pour ces motifs et afin que le capitaine puisse surveiller directement tous les éléments de sa batterie, le commandant en chef devra, autant que possible, réunir tous ces éléments au bivouac ou au cantonnement.

Cette réunion ne sera pas toujours possible; aussi est-il nécessaire, dès le début de l'opération, de distribuer convenablement les ustensiles et les objets de campement et de faire une répartition judicieuse des animaux entre les éléments de la batterie.

Dans le tableau qui donne à l'article 3 la composition d'une batterie, figure un mulet d'outils. Le chargement de ce mulet est destiné aux travaux de campagne nécessaires ou utiles à l'artillerie.

En marche, lorsque la colonne expéditionnaire ne disposera pas d'indigènes ou de troupes spécialement destinés à exécuter les travaux de réparation indispensables au passage de l'artillerie, il conviendra que le commandant en chef prescrive la réunion des mulets porteurs d'outils et des servants en excédent, sous le commandement d'un officier d'artillerie désigné à cet effet par le commandant de l'artillerie. La troupe ainsi composée et complétée, s'il est nécessaire, par des sapeurs d'infanterie, marchera avec l'avant-garde. Une mesure de ce genre assurera l'ordre et la régularité dans la marche du gros de la colonne et toutes les batteries concourront ainsi à des travaux d'intérêt général qui incomberaient sans cela aux seules fractions d'artillerie de l'avant-garde.

On a posé en règle générale que le mode de transport d'une batterie régulièrement constituée était le transport à dos.

D'autre part, l'observation des marches en pays de montagne montre que les variations dans la vitesse de marche des hommes et des mulets chargés s'effectuent en sens inverse. Le mulet chargé accélère sa vitesse dans les montées, il la diminue dans les descentes; le contraire a lieu pour l'homme. Par suite, lorsque l'éloignement de l'ennemi laissera de la latitude dans l'organisation de la marche, il conviendra de séparer, dans chacun des éléments de la batterie, la colonne des servants de la colonne des mulets.

La colonne des servants prendra la même formation de marche que les troupes d'infanterie.

Les mulets marcheront en colonne par pièce, à moins que l'ordre de mouvement ne fixe une autre formation. Quant aux distances qui devront séparer les éléments d'une même batterie et, dans chaque élément, la colonne des servants de la colonne des mulets, on ne peut que répéter l'indication donnée à l'article 1er: « Lorsque l'expérience des premières marches le lui permettra, le commandement fixera les distances entre les unités de marche, et les commandants des unités de marche fixeront les distances entre les éléments de l'unité, dans la limite prescrite. »

Quelques marches exécutées dans ces conditions, en laissant aux capitaines commandant les batteries l'initiative des dispositions de détail, permettront au commandant de l'artillerie de prescrire telles mesures qu'il reconnaitra convenables pour assurer l'uniformité des procédés employés par les diverses batteries.

Batterie de combat. — Dans la batterie de combat, les mulets porteurs de matériel se succéderont dans l'ordre suivant :

Mulets de la 1re pièce : 1 mulet de caisses;
Mulets de la 2e pièce : 1 mulet de caisses;
Mulets de la 3e pièce : 1 mulet de caisses;
Mulets de la 4e pièce : 1 mulet de caisses;
Mulets de la 5e pièce : 1 mulet de caisses;
Mulets de la 6e pièce : 7 mulets de caisses.

Le mulet porteur d'outils marchera avec la réserve de la batterie lorsque le commandant en chef n'en aura pas disposé pour l'objet indiqué ci-dessus.

Places des officiers et des sous-officiers. — Le capitaine commandant n'a pas de place fixe : il se porte partout où il juge sa présence nécessaire.

Lorsque les colonnes de servants précèdent les colonnes de mulets dans le dispositif de marche de la batterie, 1 brigadier et 4 servants sont détachés dans chaque élément, à la queue de la colonne des mulets, pour éviter toute perte d'objets de matériel ou de harnachement.

Le chef de la 1re section et un chef de pièce désigné par le capitaine et pris dans la 2e ou dans la 3e section, surveillent la colonne des servants de la batterie de combat.

Le chef de la 2e section surveille la 1re et la 2e section de la batterie de combat.

Le chef de la 3e section surveille sa section et les mulets de caisses qui la suivent.

Les chefs de pièce occupent, dans la formation prescrite par l'ordre de mouvement, la place que leur assigne le règlement du 22 mars 1882, sur le service des batteries de 80 de montagne.

Près de l'ennemi, et lorsqu'un engagement est imminent, les servants ne forment plus de colonnes distinctes et les places occupées par les cadres et le personnel de la batterie sont celles prescrites par le règlement du 22 mars 1882.

Lorsque le transport de la batterie s'exécute par attelage ou au moyen d'indigènes, les servants marchent avec leurs pièces, dans la formation la plus convenable (autour des pièces ou en peloton derrière les pièces).

Si le commandant de la batterie se trouve dans la nécessité d'employer concurremment plusieurs modes de transport, il s'inspire des indications précédentes, en séparant les fractions de matériel portées des fractions traînées.

Réserve. — Le maréchal des logis chef surveille la réserve de la batterie; il a sous ses ordres le fourrier non employé au campement, qui surveille plus particulièrement la colonne des hommes pied de la réserve.

Section de munitions. — L'adjudant commande la section de munitions de la batterie, qui fait partie du train de combat de la colonne. Il en résulte que pour une batterie isolée le chef du campement sera un des fourriers de la batterie.

Exceptionnellement, les batteries de montagne peuvent avoir à exécuter isolément des marches dans l'intérieur de la zone protégée par le service de sûreté d'une colonne expéditionnaire en station. Dans ce cas, elles seront précédées par une avant-garde spécialement destinée à réparer ou à ouvrir des passages en cas de besoin, et suivies par une arrière-garde destinée à recueillir les objets perdus ou à prêter son concours pour la réparation des accidents. Ces détachements seront fournis par les batteries elles-mêmes. Le mulet porteur d'outils marchera à l'avant-garde, les ouvriers de la batterie à l'arrière-garde.

Marches de nuit.

Art. 3. — Les marches de nuit sont fréquentes dans les expéditions coloniales.

L'organisation générale de la marche dépend des circonstances locales. Mais il est toujours nécessaire de donner de l'aisance aux unités de marche et aux éléments de ces unités.

Les points critiques de l'itinéraire suivi sont les bifurcations de chemins ou de sentiers et les traversées de villages. Chaque unité de marche doit laisser des jalonneurs en ces points particuliers. Les jalonneurs, qui seront autant que possible des gradés, attendent l'arrivée en ces points de la tête de l'unité suivante, marchent avec elle et rejoignent la troupe dont ils font partie à la halte périodique suivante. Il est utile que la direction de la marche soit confiée, dans chaque unité, à un officier qui s'en occupe exclusivement et qui se place, à cet effet, en tête de l'unité.

Chaque batterie doit être munie de moyens d'éclairage, indispensables dans les passages difficiles. Pendant la marche, l'officier chargé de la direction est suivi d'un servant porteur d'une lanterne. Malgré toutes ces précautions, si, à un moment quelconque, un élément de la colonne s'aperçoit qu'il n'est pas suivi par l'élément qui marche après lui, le commandement en est immédiatement prévenu.

Devoirs des officiers et des chefs de pièce.

Art. 4. — Les voies suivies dans les expéditions coloniales étant le plus souvent étroites et en mauvais état, les officiers devront se tenir de leur personne à la queue des éléments dont la surveillance leur est dévolue. Ils doivent veiller à ce que l'ordre établi soit conservé et à ce que les règles de discipline prescrites pour les marches soient rigoureusement observées.

Les sous-officiers chefs de pièce surveillent particulièrement les conducteurs de mulets, les animaux, leur chargement et ne tolèrent aucune surcharge. C'est surtout aux montées et aux descentes qu'ils pourront voir si, par suite de l'aplatissement des panneaux, le mulet est susceptible d'être blessé au garrot ou au rognon.

Pendant les haltes périodiques, les divers éléments de la batterie devront, si c'est possible, appuyer à droite dans le sens de la marche et rectifier les distances anormales qu'un accident ou toute autre cause aurait pu provoquer. En général, le côté gauche de la route suivie ne pourra pas être maintenu libre, tant à cause de son peu de largeur que de la nécessité de placer les mulets en travers sur la voie dans les parties accidentées.

C'est, sauf le cas d'urgence, pendant les haltes seulement que le harnachement doit être modifié et que les charges doivent être replacées ou équilibrées d'après les observations faites pendant la marche.

Pendant les haltes, les bâts pourront être légèrement dessanglés.

A la première halte périodique, les sous-officiers et les brigadiers passent l'inspection minutieuse du harnachement et des mulets ainsi qu'il suit : Soulever l'avaloire et toucher la croupe pour voir si elle est échauffée ou écorchée; passer la main droite sous la croupière pour s'assurer qu'elle est convenablement tendue; examiner les pieds de derrière et particulièrement les boulets; regarder si la sangle est convenablement ajustée, si elle n'a pas blessé le mulet; soulever le poitrail et voir si le mulet est échauffé ou écorché: examiner les pieds de devant.

Pendant les haltes accidentelles, dont la durée dépassera 12 ou 15 minutes, décharger les mulets sans remonter le matériel. Il est nécessaire que, dans le cas de haltes accidentelles, le commandement fasse connaître, autant que possible, la durée de cette halte pour chaque batterie.

Faire une grande halte est la règle aux colonies. Le moment de cette halte et sa durée sont imposés par les fortes chaleurs du milieu de la journée. Il en résulte qu'elle dure 4 à 5 heures et se fait en général dans les conditions d'un vrai cantonnement resserré ou d'un bivouac, à l'abri du soleil, ayant un service de sûreté bien organisé. Les hommes en profitent pour manger et dormir. Quand, exceptionnellement, la grande halte se fait simultanément pour toutes les unités de marche au point où se trouvent toutes ces unités, elle ne peut être que de courte durée. Les hommes ne s'éloignent, sous aucun prétexte, du chemin suivi ; ils prennent sur place, à proximité de leurs armes, le repas froid qu'ils ont préparé la veille au soir et qu'ils portent toujours dans la musette.

Dans l'un et l'autre cas, les mulets sont déchargés et attachés si c'est possible. Sur la route, on leur donne de l'herbe et on les fait boire si la proximité des ressources en eau et en fourrage le permet. A la halte de longue durée, ils sont mis à l'abri du soleil et ils reçoivent de l'herbe ou du foin ; ils sont conduits à l'abreuvoir et on leur distribue un peu de grains (orge, avoine, maïs, paddy, etc.)

On emploiera utilement pour procurer du vert aux animaux pendant les grandes haltes, des faucilles renfermées dans une gaine en cuir et portées par les servants dans les sacs à charge, à raison de 2 faucilles par pièce.

Particularités relatives aux marches.

Art. 5. — Dans les passages difficiles, il appartiendra au capitaine commandant la batterie de prescrire les mesures de précautions que commandera la nature des obstacles.

Lorsque le matériel sera transporté à dos d'animaux, il pourra être utile, surtout aux descentes dans les sentiers à flanc de coteau, de faire fixer une corde à l'arcade postérieure du bât et de placer en arrière des animaux les servants tenant en main l'extrémité de la corde. Cette précaution permettra souvent d'éviter ou d'amortir les chutes et de retenir sur le sentier des animaux qui, sans cela, rouleraient dans les bas-fonds.

Parfois, il sera nécessaire de faire passer les animaux libres de tout fardeau traîné ou porté. Dans ce cas, le matériel sera déchargé ou démonté et transporté à bras.

Passage d'une rivière. — 1° Si la rivière est guéable, le gué reconnu à l'avance par les soins du commandement aura été jalonné par des hommes, à cheval si c'est possible.

Si la profondeur de l'eau est supérieure à 85 centimètres, les mulets de caisses doivent être déchargés.

Avant d'engager la batterie dans la rivière, le commandant de l'artillerie ou le commandant de la batterie, suivant le cas, fera placer à droite et à gauche de la ligne suivie, des hommes qui empêcheront les animaux de boire ou de s'arrêter pendant le passage.

Le commandant de la colonne aura dû désigner un nombre suffisant d'hommes vigoureux et bons nageurs, pour porter secours aux hommes et aux animaux qui viendraient à tomber dans l'eau et pour essayer de sauver les chargements. Ces hommes sont munis de serpes; ils se tiennent pendant la durée du passage, par moitié de chaque côté du cours d'eau. Ils se portent partout où leur concours est utile, soit auprès des hommes que le courant entraîne, soit auprès des mulets tombés, pour les dégager de leur chargement.

Le conducteur d'un mulet tombé doit tenir la tête de son mulet hors de l'eau pour empêcher l'asphyxie.

Le gué est passé sur le plus grand front possible. Les hommes quittent le manteau ou la capote, la chaussure et le pantalon avant d'entrer dans l'eau.

Un officier s'arrête à l'entrée du gué pour empêcher les conducteurs de s'y engager trop vite ou avant leur tour, et, au besoin, pour faire arrêter la batterie.

Chaque homme ne passe qu'un seul mulet à la fois. Si un mulet fait des difficultés pour entrer dans l'eau, le conducteur prend les rênes à leur extrémité et marche devant le mulet sans se retourner pour le regarder. Des hommes désignés à cet effet et placés derrière le mulet sont chargés de le pousser en avant.

La règle précédente est générale pour tout passage dans lequel les chevaux ou mulets hésitent à s'engager.

Le passage d'un gué doit se faire avec beaucoup d'ordre et de sang-froid; les officiers seuls doivent donner des ordres à haute voix.

Quand un homme ou un mulet vient à tomber à l'eau, l'officier placé à l'entrée du gué arrête le mouvement de la batterie jusqu'à ce que le sauvetage soit opéré.

Personne autre que les hommes désignés pour porter secours ne doit s'occuper de l'accident.

Quand la sortie s'opère par une rampe rapide et glissante, on la fait couvrir de terre ou de sable ou bien on la fait piocher pour la rendre praticable. Si la batterie ne dispose pas de son mulet d'outils, il appartiendra au commandant de l'artillerie de provoquer des ordres à cet égard.

A la sortie du gué, la tête de la batterie gagne du terrain, puis s'arrête de manière à permettre au capitaine d'en reformer les éléments. La marche est ensuite reprise au moment où le dernier élément de la batterie arrive à sa place dans la colonne.

Cette dernière règle est applicable pour tous les accidents de route dont le passage aura nécessité le déchargement et le transport à bras du matériel ou occasionné des allongements considérables ;

2° Si la rivière n'est pas guéable, les moyens dont disposera la colonne détermineront le mode de passage à employer.

Lorsque les mulets devront être mis à la nage, les conducteurs placés dans les embarcations tiendront les rênes par leur extrémité et laisseront les mulets nager librement.

Si la rivière a une grande largeur, choisir pour faire accompagner les mulets les embarcations les plus légères. Il résulte de l'expérience que les chevaux ou les mulets passent avec d'autant moins de difficultés et de fatigue qu'ils sont plus libres de leurs mouvements. On ne doit pas songer à aider ou à soutenir les animaux, mais seulement à les diriger ; ils nagent avec une vitesse qu'il ne faut pas essayer d'accélérer et qu'il faut ralentir le moins possible, en employant, comme on l'a dit, des embarcations stables mais légères.

C'est surtout au moment où l'animal perd pied que les conducteurs doivent lui laisser la liberté de ses mouvements ; en voulant l'aider ou le soutenir, ils courent le risque de le faire se renverser, de l'affoler et d'être eux-mêmes entraînés dans l'eau.

On évitera des accidents, provenant du manque de sang-froid de la part des conducteurs et de la maladresse ou de la rétivité des animaux, en faisant desserrer les sous-gorges de quelques trous. Si l'animal se débat ou s'enfonce et si le conducteur résiste ou perd son sang-froid, la tête de l'animal pourra se dégager ainsi du bridon à œillères qui restera dans la main du conducteur.

Passage d'un pont. — Si le passage d'un pont nécessite une formation de marche autre que la formation prescrite par l'ordre de mouvement, le commandant de l'artillerie de la colonne ou un officier de l'état-major, placé à l'entrée du pont, indiquera au commandant de la batterie la formation à prendre.

Des servants sont échelonnés sur le pont, et tout mulet qui s'abat est immédiatement déchargé et relevé, de manière que le passage soit interrompu le moins longtemps possible.

Pour passer en bac ou sur un pont volant, les mulets restent chargés et, dans ce cas, les animaux sont maintenus par les conducteurs qui leur font face, tenant une rêne dans chaque main.

Passage d'un défilé. — Un passage de défilé nécessite des mesures analogues à celles qui viennent d'être indiquées pour le passage d'un gué ou d'un pont.

Passage de marécages. — On ne doit s'engager dans des marais ou des fondrières avec des animaux chargés, que lorsqu'il est absolument impossible de faire autrement. Le terrain est reconnu avec le plus grand soin et la route à suivre est jalonnée. Les servants sont échelonnés le long de cette route. Les animaux passent toujours sur une seule file.

A l'entrée et à la sortie du marécage, on prend les précautions mentionnées précédemment et la batterie est reformée à une distance convenable, après que le passage a été franchi.

Incidents qui peuvent survenir pendant les marches. — Moyens d'y remédier.

Art. 6. — Les ruptures de courroies, traits, etc., sont facilement réparables. Faire un nœud dans les traits en corde, percer deux trous dans les deux bouts de la partie rompue de la courroie et les réunir par une ficelle.

Si une limonière se brise, la réparer au moyen de deux pièces de bois serrées fortement par une corde. Si la rupture est irréparable, faire porter la pièce et l'affût à dos d'animaux, ou prendre une limonière de rechange. Il est par suite utile, si le matériel est transporté par attelage, de faire marcher avec la réserve de la batterie un mulet de roues et limonière de rechange pris à la section de munitions.

On ne doit jamais essayer de relever un mulet tombé sans l'avoir préalablement déchargé.

S'il arrive un accident à un mulet ou à une pièce, le mulet ou la pièce prennent rang dans la batterie à l'endroit où ils se trouvent une fois l'accident réparé. Ils ne reprennent leur rang dans la formation de marche qu'à la halte suivante.

Si l'accident est d'une gravité telle qu'il ne puisse être réparé pendant la durée de l'écoulement de la batterie, la pièce ou le mulet devront attendre le passage de la batterie suivante pour rentrer dans la colonne. Ils rejoindront leur propre batterie pendant les haltes si la durée de la halte et la largeur de la route le permettent. Près de l'ennemi et l'accident réparé, ils prendront rang, aussitôt que possible, derrière une unité de marche à quelque arme qu'elle appartienne.

Précautions hygiéniques à observer pendant les marches.

Art. 7. — Eviter que la batterie n'arrive trop tôt au lieu de rassemblement. S'assurer avant le départ que les bidons sont remplis d'une infusion de café ou de thé additionnée de tafia; que chaque homme a un repas froid dans son étui-musette.

S'il fait chaud, ouvrir les vêtements, desserrer

les cravates, déboutonner le collet des chemises, disposer le mouchoir comme couvre-nuque et placer une feuille de papier mouillé ou une grande feuille végétale entre le casque et la tête.

Les hommes qui boivent le plus pendant la marche sont les plus fatigués à la fin de l'étape et les plus exposés aux maladies (fièvre et dysenterie); chacun doit donc s'efforcer de se contenter du contenu de son bidon pour apaiser sa soif en ne buvant, pendant toute la durée de la marche, que très peu à la fois et très lentement. Si, souffrant trop de la soif, il est obligé de boire davantage, il devra se rappeler que plus il boira vite et à grandes gorgées, plus la soif reviendra vite. Si l'eau est froide, il devra la secouer et la garder un moment dans la bouche avant de l'avaler.

Pendant les grandes haltes ou à l'arrivée au gîte, ne boire qu'après un quart d'heure, au moins, de repos et en se conformant aux précautions prescrites ci-dessus.

Pour éviter les mauvais effets de l'eau crue, faire, par pièce, toutes les fois que cela est possible, des infusions très légères de café ou de thé et, si l'on n'a ni café ni thé, de feuilles de plantes aromatiques connues (oranger, citronnier, citronnelle, menthe, etc.), pour être mises à la disposition des hommes pendant les heures de repos de la journée et de la nuit; ce qui n'est pas consommé sert à remplir les bidons avant le départ.

Recommander aux hommes de graisser leurs pieds chaque jour avant le départ. Ils pourront employer, à cet effet, du suif, du saindoux ou une pommade au sulfate de zinc et au tanin. A l'arrivée, leur recommander de se laver les pieds avec de l'eau fraîche ou avec de l'eau mêlée de quelques gouttes de tafia.

CHAPITRE III

STATIONNEMENT

Du stationnement aux colonies.

Art. 1er. — Le stationnement a pour but principal de procurer aux hommes et aux animaux le repos nécessaire à la réparation de leurs forces; il permet également de visiter et d'entretenir en bon état le matériel et les effets de toute nature.

Le stationnement peut être périodique et de courte durée ou prolongé.

Lorsqu'il est prolongé, il faut, tout en laissant les hommes et les animaux se reposer, ne pas les laisser inactifs.

L'inactivité engendre l'ennui, le découragement et fait perdre tout le bénéfice de l'entraînement acquis.

Dans l'artillerie, des exercices de mise en batterie et de pointage indirect exécutés en terrain varié, des constructions d'épaulements rapides, des travaux destinés à améliorer les bivouacs ou les camps, etc., seront autant de moyens de maintenir les troupes en haleine.

Lorsque le stationnement est de courte durée éviter, au contraire, tout mouvement et tout rassemblement qui ne sont pas indispensables. Les hommes ne doivent que s'occuper de leurs armes, de leurs effets, manger et dormir. Les officiers, sous-officiers et brigadiers visitent avec soin le matériel qui leur est confié; les revues reconnues nécessaires sont faites sur place.

Au début des opérations, l'homme est maladroit; il perd du temps à organiser son installation. Les cadres inférieurs, généralement jeunes et inexpérimentés, ne peuvent lui donner aucun conseil. Les officiers doivent intervenir dans les détails et faire bénéficier le soldat de leur expérience et de leur savoir. Ce ne seront là pour les officiers ni soins ni temps perdus. L'homme n'a besoin, le plus souvent, que d'être dirigé et apprend vite ce qui doit être fait.

Dans les périodes de stationnement prolongé, s'ingénier pour distraire les hommes, leur rappeler les dates de départ des courriers, leur fournir les moyens de faire leur correspondance et, par-dessus tout, surveiller les débits de boissons qui ne tardent pas à devenir une plaie. Le meilleur moyen d'éloigner les hommes de ces débits de boissons consiste à leur procurer du vin et à améliorer leur nourriture en constituant un fonds d'ordinaire. En se préoccupant sans cesse du bien-être de son personnel, un commandant de batterie assure le maintien de la discipline et la conservation de son effectif.

Pour obvier aux inconvénients de retards imprévus dans le payement de la solde, les capitaines auront toujours une petite réserve d'argent destinée à faire aux hommes des avances pour l'achat du tabac, des menus objets de trousse, etc, etc. En un mot, vivre de la vie des hommes et s'occuper d'eux. Les officiers feront naître ainsi le dévouement dans le cœur du soldat et le rendront capable de tous les sacrifices. Au jour du combat, le chef qui aura su se faire aimer de ses hommes pourra concentrer toute son attention et toutes ses facultés sur le but à atteindre; il sera sûr d'être obéi avec empressement et dévouement.

On a déjà dit au titre *des Marches* qu'une grande halte de 5 à 7 heures environ (de 8 à 10 heures du matin à 3 ou 4 heures du soir) suivant la saison était, en général, obligatoire aux colonies. Il faut remarquer en outre que la marche s'exécutera le plus souvent par deux de front, ou même par un, à cause de la faible largeur des chemins, et que l'écoulement de la colonne sera en conséquence d'une durée relativement assez longue. Dans ces conditions, il ne serait pas possible de faire des marches de plus de 15 kilomètres par 24 heures, si l'on ne profitait pas des heures de clair de lune, soit le soir pour arriver au bivouac, soit le matin pour franchir la plus grande partie de l'étape avant le lever du soleil et éviter ainsi la grande halte prolongée. L'essentiel est de ne pas se mettre dans des situations qui obligent de marcher ou dans l'obscurité ou aux heures des grandes ardeurs du soleil; s'arrêter, toutes les fois qu'on le peut, à 8 heures du matin pour ne repartir qu'après 4 heures du soir.

Les colonies n'offrent pas, en général, de ressources pour le cantonnement des troupes en expédition. Le bivouac sera donc le mode habituel de stationnement.

L'emploi presque exclusif du bivouac, l'impossibilité fréquente de trouver des matériaux pour dresser des abris et de se procurer de la paille de couchage rendent plus difficile la réparation des forces des hommes par le sommeil.

Le commandement devra chercher à obvier à cet inconvénient par une alimentation plus substantielle.

La viande sur pied est généralement abondante aux colonies : augmenter la ration de viande.

Tenir la main à ce que les hommes fassent un repas chaud le soir et prennent le café le matin, avant de partir, après avoir mangé, autant que possible, de la soupe. A la grande halte, ils feront un repas froid.

La moitié de la ration de viande sera employée au repas du soir; l'autre moitié servira à faire la soupe du matin qui sera maintenue pendant la nuit près du feu et sur des cendres chaudes, et la viande sera gardée pour le repas froid de la grande halte.

Le commandement devra se préoccuper également de la subsistance des indigènes, s'il a dû recourir à leurs services pour l'exécution des transports.

La faim et la maraude qui en est la conséquence sont les principaux motifs de la désertion des indigènes. On évitera ou au moins on atténuera ces causes en combinant une surveillance active et des mesures de répression très sévères avec de l'humanité dans les traitements, de l'équité dans les décisions et la fidélité la plus stricte aux engagements pris.

Pendant l'expédition du Tonkin, les unités qui conservaient leurs coolies étaient celles où le commandement assurait leur subsistance; après les premiers jours de marche, ces unités avaient plus d'indigènes qu'il ne leur en avait été attribué au départ, tandis que les commandants d'unités moins prévoyants manquaient de bras pour transporter leur matériel ou leurs bagages.

Formation de l'artillerie au bivouac.

Art. 2. — Le chef du campement d'une batterie isolée ne pourra être qu'un des fourriers de la batterie. Ce fourrier aura sous ses ordres 1 brigadier et 2 canonniers.

Bivouac d'une batterie d'artillerie de montagne.

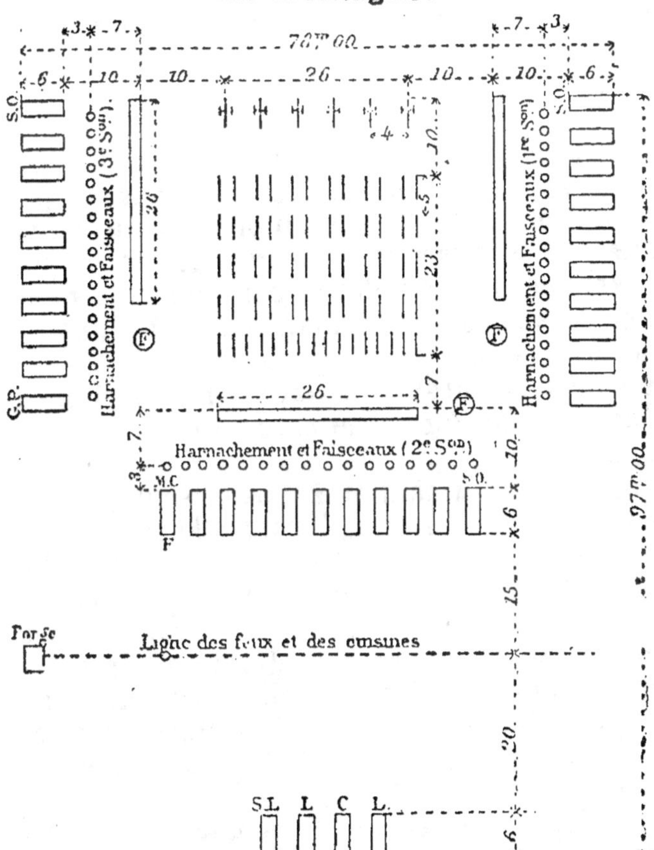

Si 2 ou plusieurs batteries doivent être réunies au bivouac ou au cantonnement, le campement des batteries sera commandé par un officier désigné par le commandant du groupe.

Le rôle du chef de campement de l'artillerie consiste notamment à s'assurer que l'emplacement qui est assigné aux batteries par le commandant du campement est, autant que possible, propre à l'installation du parc et des animaux. S'il en est autrement, il est de son devoir d'en faire la remarque au commandant du campement qui prendra, en connaissance de cause, telle décision qu'il jugera convenable.

Bivouac. — On a vu qu'une colonne expéditionnaire pouvait bivouaquer, concentrée, par groupes, etc. Aussi la formation suivante d'une batterie au bivouac n'est-elle donnée que comme un exemple dont on devra s'inspirer, mais que les circonstances pourront amener à modifier en totalité ou en partie.

L'emplacement du bivouac étant fixé et jalonné, le capitaine fait former le parc au centre de cet emplacement.

Les pièces formant la 1re ligne sont placées sur le front de bandière; l'intervalle entre deux pièces remontées sur les affûts sera de 4 mètres.

Les mulets de caisse de la batterie s'arrêteront à 10 mètres du front de bandière, sur 6 de front. Dans chaque rang l'intervalle entre les mulets sera de 4 mètres ; la distance d'un rang au suivant sera de 2 mètres. Les mulets de caisses de transport et le mulet d'outils formeront le 5e rang.

Pendant que les servants déchargent les mulets et remontent le matériel sous la surveillance des chefs de section et des chefs des pièces paires, le maréchal des logis chef aidé par les chefs des pièces impaires fait établir les cordes à chevaux par des servants pris dans la réserve de la batterie.

Les cordes sont tendues à 10 mètres en dehors sur les côtés et le derrière du parc, l'extrémité des cordes des 1re et 3e sections sur l'alignement du front de bandière, le milieu de la corde de la 2e section sur le prolongement de l'axe du parc.

Dès que les cordes sont installées et que les animaux sont déchargés, les servants et les mulets sortent du parc, pièce par pièce dans chaque section.

Les servants forment les faisceaux à 7 mètres en arrière de la corde à chevaux de leur section.

Les conducteurs établissent les animaux dans chaque section, face au parc et dans l'ordre suivant : chevaux, mulets de la batterie de combat, mulets de la réserve. Chaque animal ne doit occuper qu'un mètre courant de corde. Les conducteurs fixent les entraves d'abord à sa corde, ensuite à l'animal qu'ils conduisent. Dès que les animaux sont attachés, les conducteurs placent leurs armes sur le faisceau des servants, débrident et posent les brides sur les faisceaux.

Les gardes d'écurie (1 par pièce) prennent immédiatement leur service. On ne doit débâter que deux heures au moins après l'arrivée au bivouac, mais on relève de suite l'avaloire et le poitrail sur le bât.

Les bâts sont placés contre la ligne des faisceaux. Avoir soin de ne pas les mettre en contact direct avec le sol; les installer sur des supports improvisés ou sur un lit d'herbes, de menus branchages, etc.

Les fourrages sont réunis par section en arrière des extrémités des cordes à chevaux.

Les hommes établissent leurs abris ou leurs tentes à 2 mètres d'intervalle et, dans chaque section, en dehors des côtés et en arrière du parc, à 10 mètres des cordes à chevaux.

Les tentes sont dressées pour 6 hommes, leurs grands côtés perpendiculaires aux cordes, la première tente des 1re et 3e sections sur le front de bandière.

Les sous-officiers des 1re et 3e sections occupent la 1re tente de ces sections; ceux de la 2e section occupent la tente de droite de leur section, le maréchal des logis chef et les fourriers la tente de gauche de la 2e section.

Des abris sont installés pour les gardes d'écurie, derrière les animaux.

Les cuisines et la forge sont placées à 30 mètres des cordes à chevaux, en arrière ou sur un des côtés du bivouac suivant la direction du vent.

Les latrines sont établies à 60 mètres en dehors de la ligne des feux.

Les officiers bivouaquent en arrière de la 2e section, à 20 mètres des abris ou des cuisines suivant le cas, et ont leurs chevaux à côté d'eux.

Si le commandement a prescrit de réunir les batteries et leurs sections de munitions au bivouac, les sections de munitions se formeront, d'après les indications données ci-dessus pour la batterie, à 20 mètres en arrière des abris des officiers de la batterie.

Lorsque plusieurs batteries seront réunies au bivouac, elles pourront bivouaquer en colonne ou en ligne, chaque batterie établissant son bivouac comme il vient d'être dit pour une batterie isolée.

Les batteries laissent entre elles, suivant la disposition adoptée, un intervalle ou une distance de 25 mètres.

Dans le bivouac en ligne, les officiers de l'état-major du groupe bivouaquent à 20 mètres en arrière de la batterie du centre.

Dans le bivouac en colonne, ces officiers s'établissent à 20 mètres en arrière des officiers de la batterie de tête, qui est séparée de la suivante par une distance de 45 mètres. Les officiers de l'état-major conservent toujours leurs chevaux auprès d'eux.

Dans chaque batterie, la garde de police occupe le dernier abri ou la dernière tente de la 3e section.

Si le terrain est détrempé, il est nécessaire de placer les caisses à munitions sur des planches, des claies, des rondins, etc., pour les soustraire au contact de l'humidité.

Camps. — Pendant la période de préparation d'une expédition et pendant l'expédition elle-même, les troupes seront fréquemment campées ou baraquées.

Les prescriptions essentielles à appliquer en pareil cas peuvent se résumer ainsi : Les tentes ou baraques seront disposées en rangs et files séparés par de larges rues. Les ouvertures seront tournées du côté des rues. Dans chaque file, les tentes ou baraques seront distantes de 10 mètres au moins.

On devra tenir compte, pour l'orientation des rues du camp, des conditions climatériques particulières au pays ou à la région.

Les animaux seront installés sous des hangars éloignés des baraques ou tentes occupées par les hommes.

Le parc sera formé à proximité des écuries et le matériel sera autant que possible abrité.

Les latrines seront éloignées des abris, placées sous le vent généralement régnant par rapport à ces abris et elles seront fréquemment comblées.

Service pendant le stationnement.

Art. 3. — Chaque jour après la réception des ordres du commandement, le capitaine commandant la batterie réunit les chefs de section et le maréchal des logis chef et donne ses ordres.

Il indique la nature, l'heure et le lieu des distributions; l'heure de la visite des hommes et des animaux, des appels et du pansage, l'emplacement des abreuvoirs, les endroits où les hommes peuvent puiser de l'eau, ceux qui sont réservés au lavage du linge, les dispositions relatives au départ, toutes celles enfin qui concernent le service de la batterie.

Le maréchal des logis chef désigne les hommes de service.

Les gardes, détachements, les travailleurs, sont toujours fournis par fractions constituées.

Dans tous les grades, le service de semaine est remplacé par le service de jour. L'officier de jour est chargé de présider aux distributions.

Les batteries étant chargées d'exécuter le ferrage à chaud des chevaux des troupes d'infanterie, il est indispensable que l'officier de jour surveille le service de la forge pour y éviter tout désordre et trancher toutes les difficultés que ce service peut soulever.

La corvée de propreté est surveillée, au bivouac par le chef de la garde de police ; au cantonnement ou dans les camps par l'officier de jour.

Appels. — Il est fait habituellement trois appels par jour. Le premier une demi-heure après le réveil, le deuxième dans la journée et le troisième à la nuit.

Les appels sont faits par les brigadiers de pièce sous la surveillance des chefs de pièce. L'officier de jour est présent aux appels du matin et du soir. Tous les officiers assistent à l'appel de la journée qui est fait avant le pansage. Pour les servants cet appel se fait en armes, sac au dos ; les servants sont à leurs postes autour des pièces et des caisses à munitions.

Les officiers examinent avec soin les armes, le matériel, les munitions, les vivres et la chaussure. Ils examinent également la ferrure, le harnachement et l'état des chevaux.

Les appels sont reçus au poste de police par l'officier de jour.

Distributions. — *Ordinaires.* — Dans chaque batterie, l'officier de jour assiste à la distribution. Les ordinaires sont gérés par batterie et la préparation des aliments est faite par pièce sous la surveillance du brigadier.

Les ustensiles de campement devront être répartis de telle sorte que la section de munitions puisse assurer la préparation des repas de son personnel d'une manière indépendante.

Il est indispensable, pour assurer le bon fonctionnement de l'alimentation pendant les opérations actives, que, dès le premier jour de la campagne, pendant la période de préparation et de rassemblements, les repas soient préparés par pièce. C'est surtout pendant cette période qu'un chef doit organiser et régler tous les détails propres à assurer la discipline et le bon ordre. Former des cuisiniers rentre dans la catégorie des mesures de prévoyance qu'il faut prendre dès le début.

Alimentation des animaux. — On ne peut donner à ce sujet que des indications générales.

Les animaux doivent, autant que possible, avoir fini leur repas du matin une heure avant le départ.

La majeure partie de la ration doit être conservée pour être mangée à l'arrivée au bivouac.

Ne pas oublier le conseil déjà donné à l'article 4 (2e partie) de distribuer aux animaux un peu de grain, pendant la grande halte, surtout si la marche nécessite des efforts exceptionnels.

Faire boire les animaux avant le départ et après le pansage du soir. Les faire boire aussi pendant la grande halte, si l'on trouve de l'eau à proximité.

Service de garde. — Chaque batterie fournit sa garde de police commandée par un brigadier. Il y a toujours un trompette à la garde de police.

La garde de police est sous la surveillance de l'officier de jour; elle prend les armes au réveil et à l'appel du soir.

Au bivouac, elle fournit deux sentinelles pour la garde du parc.

Lorsque plusieurs batteries sont réunies au bivouac, chaque batterie fournit à tour de rôle un planton chez l'officier commandant le groupe.

Gardes d'écurie. — Les gardes d'écurie sont placés sous la surveillance des cadres de service de jour. Ils ne sont relevés qu'une fois dans le milieu de la nuit et sont surveillés par un brigadier commandé spécialement pour ce service. Le service de ce brigadier commence à la retraite et finit au déjeuner des chevaux.

Prescriptions de détail concernant les hommes.

Art. 4. — En station, les officiers doivent redoubler de surveillance pour assurer l'entretien des effets et des armes, la conservation des munitions et des vivres de réserve, la propreté corporelle des hommes.

Les chefs de pièce, aidés des brigadiers, doivent veiller plus particulièrement aux soins de propreté. Les chaussures doivent être l'objet d'une attention particulière, la plus légère écorchure pouvant s'envenimer et rendre un homme indisponible pendant longtemps. Elles doivent être fréquemment graissées et réparées dès que le besoin commence à s'en faire sentir. On pourra avantageusement munir les hommes d'une paire de sandales servant de chaussures de repos.

Les vêtements doivent être battus, brossés et réparés avec soin ; chaque homme doit maintenir sa trousse au complet; elle sera une garantie et un indice du soin qu'il apporte à entretenir ses effets : « Qui n'a ni fil, ni aiguille, ni couteau, ni alène, court aux emprunts ; mais les prêteurs sont rares, parce que ceux qui possèdent sont les prévoyants, et que la prévoyance qui les a fait se munir les fait conserver pour leurs propres besoins. » (*Général de Brack.*)

Les armes, entretenues avec le plus grand soin, seront légèrement grasses.

Les sacs seront faits tous les soirs, prêts à être complétés rapidement ; les bâts seront disposés de manière à être mis promptement sur les mulets.

Prescriptions de détail concernant les animaux.

Art. 5. — Les soins à donner aux animaux doivent être l'objet d'une attention constante de la part des officiers et des sous-officiers.

L'officier et le sous-officier de jour doivent veiller à ce que les denrées de la ration soient également réparties entre les animaux et que les grains ne soient jamais donnés à terre, mais bien dans les musettes-mangeoires.

Comme on l'a prescrit à propos de la formation au bivouac, ne débâter que 2 heures après l'arrivée. Dès que le mulet est débâté, le bouchonner à fond; ne jamais étriller un mulet sur le dos.

Réprimer sévèrement tout acte de brutalité envers les animaux. Veiller à ce que les harnais soient constamment ajustés et porter toute son attention sur la matelassure des bâts. Si le crin manque pour rembourrer un bât, employer la paille, et, de préférence, du foin ou de l'herbe.

Les harnais doivent être graissés tous les sept ou huit jours. Ils doivent toujours être maintenus propres. Les panneaux des bâts seront exposés à l'air ou au soleil puis battus, pour conserver leur élasticité.

En général, les blessures qui rendent les animaux indisponibles sont occasionnées par le harnachement.

Les causes qui déterminent ces blessures sont le plus fréquemment les suivantes :

a) Harnais et bâts mal ajustés;

b) Panneaux en mauvais état et inégalement rembourrés;

c) Couvertures mal placées, malpropres, contenant des corps étrangers, ou neuves et ayant rebroussé le poil;

d) Chargement mal équilibré ou mal fixé sur le bât;

e) Dérangement du bât ou de la charge;

f) Habitude qu'ont les mulets de se rouler avec le bât;

g) Enlèvement trop précipité du bât à l'arrivée au bivouac.

Les chefs de section doivent passer chaque

jour la visite des animaux de leur section et signaler au capitaine commandant les réparations à faire au harnachement. Ils prescrivent dans la nature du chargement des mulets les mutations nécessaires pour éviter les blessures ou en limiter la gravité. Tout officier doit connaître les premiers soins à donner aux animaux dans le cas de blessures et être à même de les prescrire et de les faire exécuter.

Les blessures doivent être soignées promptement, quelque légères qu'elles paraissent. Autrement elles s'aggravent et mettent bien vite un animal hors de service.

Prescriptions de détail concernant le matériel.

Art. 6. — La conservation et l'entretien du matériel exigent les soins les plus assidus. Il ne doit jamais exister la plus petite trace de rouille sur un mécanisme de culasse ou dans l'âme d'une pièce : à cet effet, ces parties de la bouche à feu seront tenues légèrement grasses. Les sous-officiers doivent visiter tous les jours les bouches à feu et les appareils de pointage. Les officiers porteront plus particulièrement leur attention sur l'état de conservation des munitions et s'assureront que les projectiles et les charges peuvent être aisément enlevés. On profitera des temps secs et des séjours prolongés pour ouvrir les caisses, mettre à l'air les projectiles et les charges et s'assurer que la poudre est en bon état ;

Pour la facilité des manœuvres de montage et

de démontage du matériel, on devra maintenir onctueuses les parties suivantes de l'affût :

Clavettes et joint des sus-bandes ;

Tenon de bout de flèche ;

Arrêtoir de rallonge de flèche et sa clavette,

Crapaudine de la rallonge de flèche.

Les fusées d'essieu, les parties filetées, les trous d'esse devront être graissés, surtout si le matériel est traîné. Le matériel devra être lavé tous les jours si le besoin s'en fait sentir. Chaque jour, les chefs de section et les chefs de pièce devront examiner avec soin les différentes parties du matériel et faire réparer le plus promptement possible celles qui seraient dégradées.

Les ouvriers de batterie exécuteront les réparations de peu d'importance. S'il est nécessaire d'avoir recours aux ouvriers du parc, le capitaine commandant la batterie adressera immédiatement une demande au commandant de l'artillerie de la colonne, et, en cas d'urgence, au directeur du parc lui-même, sauf à rendre compte de cette demande au commandant de l'artillerie.

CHAPITRE IV

COMBAT

Considérations générales.

Art. 1er. — Avant d'indiquer le rôle de l'artillerie de montagne et son emploi dans le combat, il semble utile d'analyser le combat lui-même. On se rendra ainsi compte des besoins auxquels l'emploi de l'artillerie doit correspondre.

Offensive. — L'offensive correspond à une supériorité matérielle ou morale sur l'adversaire et à la volonté de manifester cette supériorité par l'initiative des mouvements.

Défensive. — La défensive ne doit être qu'une attitude de début ; elle correspond à une infériorité matérielle ou morale vis-à-vis de l'adversaire et à la volonté bien arrêtée de prendre l'offensive après avoir compensé cette infériorité par le choix et la préparation de la position.

Quelles que soient les attitudes respectives des adversaires au début d'un combat, il y a généralement de part et d'autre des actions offensives et des actions défensives. Mais ces alternatives d'actions offensives ou défensives, qui constituent le combat réel, ne se prêtent pas à une analyse facile, et il est plus simple de supposer un combat offensif dans toutes ses phases et couronné par le succès, puis un combat défensif suivi de la défaite et de se rendre, compte du rôle de l'artillerie dans les deux cas. On trouvera ainsi dans ces combats fictifs des renseignements sur le rôle à jouer par l'artillerie dans les luttes réelles, quelles qu'en soient les formes alternatives ou simultanées.

Mode d'emploi de l'artillerie de montagne. — L'artillerie de montagne est peu mobile et peu manœuvrière, tant à cause de la nature de son matériel que de son mode de transport.

Aux colonies, la nature et les accidents du sol augmentent encore la difficulté des déplacements des batteries et enlèvent aussi le plus souvent au commandement la possibilité de faire parvenir ses ordres en temps opportun, lorsque la lutte est bien engagée.

Pour ces raisons, et comme l'a d'ailleurs prouvé l'expérience des dernières expéditions coloniales, dès que le commandant en chef, orienté sur l'ennemi, a fait son plan de combat et donné ses ordres, l'action d'ensemble ne se compose plus que d'une série d'actions isolées. Les batteries déjà engagées et qui, à cause des obstacles du terrain, échappent à l'action directrice du commandement, suivent dans les différentes phases du combat les unités d'infanterie à côté desquelles elles se trouvaient au début et se rangent sous les ordres des chefs de ces unités.

Le commandant en chef n'intervient, dans le cours du combat, que par l'entrée en action des fractions d'artillerie dont il s'est réservé spécialement l'emploi et qu'il dirige au moment voulu sur la position convenable.

C'est en s'inspirant de ces considérations que les indications suivantes ont été rédigées.

Elles supposent le cas où l'ennemi disposerait lui-même d'artillerie. Dans le cas contraire, les indications qui correspondent à la lutte d'artillerie, deviendraient inutiles.

Emploi de l'artillerie de montagne dans le combat offensif.

Art. 2. — On peut distinguer quatre phases principales dans le combat offensif :

1° Reconnaissance de l'ennemi;
2° Préparation de l'attaque;
3° Exécution de l'attaque décisive;
4° Poursuite.

Reconnaissance de l'ennemi. — La reconnaissance de l'ennemi doit laisser au commandant d'une troupe la libre disposition du gros de ses forces.

L'artillerie, grâce à la portée de ses pièces, exécute cette reconnaissance sous la protection de quelques unités d'infanterie. Il résulte du rôle des batteries employées dans cette première période de la lutte qu'elles doivent avoir le champ d'exploration le plus étendu possible.

Le commandant désigne les unités qui doivent être engagées, délimite leurs zones d'action, les positions qu'elles doivent occuper et pourvoit à leur sécurité. Sur la position indiquée, les commandants de batterie choisissent l'emplacement de leur batterie et les objectifs du tir.

Cette reconnaissance par l'artillerie amène une lutte entre les artilleries adverses.

Dans certains cas, les batteries déjà engagées pourront participer à cette lutte sans déplacement; elles prendront pour objectif d'abord toute artillerie ennemie qui se montrera dans la zone d'exploration qui leur a été attribuée, puis dans la zone d'action des unités voisines, si les circonstances leur permettent d'agir ainsi sans manquer à leur mission propre.

Dans cette période du combat, le commandement peut engager toutes ses batteries. A cette lutte d'artillerie succède une pause correspondant au développement du plan de combat et au déploiement du gros pendant laquelle le commandement peut procéder à une répartition nouvelle de son artillerie, sous la protection de quelques batteries maintenues en action.

Préparation de l'attaque. — Préparer l'attaque consiste : 1° à maintenir et à immobiliser l'adversaire sur tout le front de sa position par une action incessante et à le laisser ainsi incertain sur le point de l'attaque décisive; 2° à porter les troupes d'attaque en face de leur objectif en dérobant leurs mouvements aux vues de l'ennemi, et à permettre l'assaut en détruisant les couverts et en démoralisant l'adversaire par des feux violents.

De là nécessité de répartir les forces dont on dispose en deux troupes, ayant chacune un but distinct : 1° la troupe qui doit immobiliser et user l'ennemi sur tout le front; 2° la troupe destinée à donner l'assaut, qui doit marcher et manœuvrer sous la protection de la première.

Chacune de ces deux troupes a besoin d'artillerie pour accomplir sa mission. Une partie de l'artillerie doit entretenir le feu sur le front de l'ennemi et contre-battre les pièces qui peuvent se reporter en ligne, tandis qu'une autre partie est plus spécialement désignée pour préparer l'attaque décisive, soutenir les troupes d'assaut, occuper la position conquise ou parer à un échec.

La désignation des batteries à affecter à l'une quelconque de ces missions appartient au commandement. Elle doit être faite après la lutte d'artillerie.

Les batteries destinées à soutenir le combat

de front sont affectées à des unités d'infanterie déterminées et placées sous les ordres directs des commandants de ces unités. Les commandants de batterie exécutent leurs ordres et prennent d'eux-mêmes et avant tout, pour objectif, l'artillerie ennemie qui se reporte en ligne.

Le commandant en chef fixe le moment où les batteries destinées à préparer l'attaque décisive doivent se porter en position et commencer cette préparation. Il fait connaître d'une manière très précise au commandant de l'artillerie l'objectif de l'assaut, lui communique les renseignements qu'il possède sur cet objectif et lui indique, si c'est possible, le moment probable de l'attaque décisive.

Le commandant de l'artillerie indique à ces batteries les positions à prendre et répartit l'objectif. Il donne aux commandants de batteries toutes les instructions nécessaires.

Le commandant en chef fixe le nombre de batteries qui doivent appuyer directement l'attaque décisive ; il détermine le moment où ces batteries doivent commencer leur mouvement ou bien il charge le commandant de l'artillerie de prendre à cet égard les mesures nécessaires.

Exécution de l'attaque décisive. — Les batteries désignées pour appuyer le mouvement de la troupe chargée d'exécuter l'attaque décisive s'établissent sur les emplacements favorables, concentrent leur tir sur l'objectif de l'assaut, surveillent attentivement le terrain sur les flancs de l'infanterie et se tiennent prêtes à tirer sur les troupes de contre-attaque ; elles renversent les obstacles imprévus que l'assaillant trouve sur sa route.

Pour produire un effet utile, ces batteries doivent choisir, dès leur entrée en action, des emplacements suffisamment rapprochés de l'objectif (700 à 800 mètres). Si le terrain leur permet de se porter facilement en totalité ou en partie sur des positions plus rapprochées de l'objectif, elles doivent les utiliser au fur et à mesure de la progression des troupes d'assaut pour les appuyer de plus près.

Les batteries déjà en position pour préparer l'attaque continuent pendant ce temps à concentrer leur feu sur l'objectif de l'assaut jusqu'au moment où leur tir peut devenir dangereux pour l'assaillant; elles le dirigent alors sur d'autres parties du front ou l'allongent pour balayer le terrain en arrière.

Les batteries qui appuient le combat de front dirigent leur feu sur les points d'appui de la défense pour en faciliter l'occupation à l'infanterie quand l'attaque décisive a réussi.

Dès que l'assaillant a pris pied sur la position ennemie, les pièces s'y portent rapidement avec quelques caisses à munitions et s'établissent à côté de l'infanterie. Elles aident celle-ci à refouler les troupes de la défense et à repousser les retours offensifs.

L'attaque est ensuite reprise, s'il y a lieu, dans des conditions analogues, contre les nouvelles positions sur lesquelles l'ennemi s'est replié.

Si l'assaut échoue, toutes les batteries concentrent leur feu sur les troupes de l'adversaire pour arrêter leur mouvement et permettre à l'infanterie de se reformer. Les batteries qui ont soutenu les troupes d'assaut recueillent ces troupes et se retirent ensuite avec elles, si cela devient nécessaire. Elles soutiennent la retraite et se maintiennent à hauteur de l'infanterie jusqu'à ce que celle-ci ait pu se remettre en ordre.

Poursuite. — Quand l'ennemi se met définitivement en retraite, le commandant en chef désigne, s'il y a lieu, des unités d'artillerie pour coopérer à la poursuite. Ces unités, allégées autant que possible, appuient l'infanterie et se portent le plus près possible de l'adversaire pour produire rapidement de grands effets.

Dans tous les cas, l'artillerie doit agir sur le même but avec le plus grand nombre de pièces possible ; mais si une position n'offre d'emplacements que pour une ou deux pièces on ne devra pas, pour cela, négliger de l'occuper. Le maréchal Gouvion-Saint-Cyr, à propos d'une pièce de 4 de montagne installée à grand'peine sur une hauteur qui dominait la position occupée par les Autrichiens, dans les Vosges, près du village de Rothweiler, dit : « Certainement, le feu d'une pièce de 4 de montagne est peu important ; mais l'ennemi était loin d'en attendre là, et ce qui surprend à la guerre fait toujours grand effet. — C'était sans doute un bien pauvre moyen ; eh bien ! il agit grandement sur le moral de l'ennemi. »

Emploi de l'artillerie de montagne dans le combat défensif.

Art. 3. — Dans la défensive, on doit laisser le plus longtemps possible l'adversaire dans l'ignorance des dispositions préparées, de manière à provoquer de sa part des déploiements et des manœuvres qui l'obligent à s'étendre et à user ses forces, en attendant une occasion favorable pour prendre l'offensive contre lui.

On doit donc avoir tout reconnu et tout préparé à l'avance et n'occuper les emplacements de combat qu'au fur et à mesure des besoins de la lutte.

Une position défensive n'est pas formée par une ligne plus ou moins régulière de points d'appui naturels ou artificiels; elle est constituée par une zone s'étendant en avant et en arrière de la ligne de défense principale et dans laquelle, d'une part, s'exerce l'action des feux, et, d'autre part, s'exécutent les manœuvres ou les mouvements des troupes. Aussi faut-il que la défense connaisse à fond cette zone, tant au point de vue des effets du tir et de l'offensive éventuelle à prendre qu'au point de vue des communications à utiliser pour le jeu du gros des forces et des réserves.

En particulier, l'artillerie doit connaître en détail tous les emplacements qu'elle peut éventuellement occuper, soit pour la lutte d'artillerie, soit pour la défense rapprochée. Pour chaque emplacement elle doit repérer les principales distances, construire, s'il y a lieu, des épaulements pour les pièces et surtout améliorer les communications afin de pouvoir concentrer plus rapidement les pièces sur les positions choisies.

Elle pourra ainsi obtenir plus facilement la supériorité sur les batteries de l'attaque forcément dispersées.

Reconnaissance par l'ennemi. — Au début de la reconnaissance par l'ennemi, le gros de l'artillerie doit se tenir en position d'attente.

Dès que l'ennemi a ouvert le feu, la défense engage simultanément un nombre de batteries suffisant pour infliger rapidement à son artillerie un échec sérieux. La connaissance qu'elle possède du terrain lui permet d'employer, si c'est nécessaire, des procédés de pointage indirect pour concentrer ses feux. Il appartient au commandement de désigner les batteries, les emplacements à occuper, les objectifs et le moment de l'ouverture du feu.

Peu à peu, la lutte d'artillerie prend de l'extension et elle se termine par la supériorité de l'une des deux artilleries.

Si cette supériorité est acquise au défenseur, il peut prendre à son tour l'initiative des mouvements.

Si non, il retire du feu la plus grande partie de ses batteries. Celles qui, par leur situation, souffrent peu du feu de l'adversaire restent seules en position; les autres sont ramenées en arrière et reconstituées rapidement en personnel et en matériel pour être en état de concourir à la défense rapprochée.

Préparation de l'attaque par l'ennemi. — Dès que l'assaillant commence la préparation de l'attaque, l'artillerie de la défense fait tous ses efforts pour l'empêcher ou la retarder. Dans ce but, les batteries qui ont été retirées du feu sont dirigées vers les emplacements voisins de l'objectif de l'attaque. Elles contre-battent l'artillerie ennemie chargée de préparer l'assaut.

Si les batteries de la défense ont le dessus, tout en surveillant l'artillerie de l'ennemi elles prennent pour objectif son infanterie, afin de préparer la contre-attaque.

Exécution de l'attaque par l'ennemi. — Pendant l'exécution de l'attaque par l'ennemi, l'artillerie ne doit avoir qu'un but : ébranler par son feu la troupe ennemie qui marche en avant, la faire fléchir, et donner à l'infanterie de la défense l'occasion de prendre l'offensive.

Si l'assaut échoue, l'artillerie de la défense continue à couvrir de feux les troupes ennemies pour les empêcher de se remettre en ordre et pour faciliter le mouvement offensif de l'infanterie.

L'artillerie cherche ensuite à profiter de la désorganisation de l'adversaire pour reprendre la supériorité du feu sur ses batteries et assurer ainsi un succès définitif.

Si la défense a été impuissante à repousser l'attaque, l'artillerie conserve ses positions jusqu'au dernier moment ; quand elle est forcée de les abandonner, elle se retire par échelons sur des positions reconnues et continue à soutenir de près l'infanterie repoussée. Au moment voulu, elle prépare, avec vigueur, les retours offensifs exécutés par les réserves. Dès que les troupes de la défense ont repris un peu d'ordre, l'artillerie est successivement dirigée sur la position de soutien ; celle-ci est ensuite défendue d'après les mêmes principes.

Retraite. — Pendant la retraite, l'artillerie s'efforce de ralentir le mouvement de l'adversaire en s'arrêtant sur toutes les positions reconnues favorables. Elle empêche l'artillerie ennemie de préparer l'attaque des postes occupés par l'infanterie, concourt à leur défense rapprochée et se sacrifie au besoin pour donner aux colonnes principales le temps de se soustraire à la poursuite. Cette mission de sacrifice, l'artillerie doit être prête à la remplir et le commandement ne doit pas hésiter à la lui confier.

Rôle des officiers d'artillerie dans le combat.

Art. 4. — Indiquer le but à atteindre, désigner les unités d'artillerie à employer, reconnaître les positions, donner l'ordre de les occuper, fixer les objectifs, assurer l'opportunité des effets, constitue l'emploi de l'arme au point de vue tactique. Cet emploi appartient au commandement qui a pour mission de faire concourir au même but tous les moyens dont il dispose.

Pour arriver à ce résultat, le commandant en chef est assisté d'un officier commandant de l'artillerie, dont le rôle consiste à assurer selon les vues et les projets du commandement, l'emploi tactique de l'artillerie.

Cet officier, dégagé de tout commandement direct d'unités de l'arme, doit se tenir à portée du commandant en chef ou en relation constante avec lui pour assurer la transmission des ordres. Il suit la marche du combat et se tient autant que possible en liaison avec les commandants d'unités d'artillerie engagées. Son initiative s'exerce dans les propositions à faire au commandement au sujet de l'emploi opportun des unités d'artillerie disponibles et dans la reconnaissance des positions dont le développement du combat peut nécessiter l'occupation.

L'emploi technique de l'artillerie appartient aux commandants directs des unités de l'arme. Leur rôle consiste à diriger les batteries vers la position indiquée, à choisir les emplacements convenables et à prendre toutes les mesures nécessaires pour ouvrir et régler rapidement le feu. Le tir réglé, ils indiquent l'espèce de projectiles à employer et la rapidité du tir; ils répartissent, comme ils le jugent convenable, le feu de leurs batteries sur l'objectif assigné au groupe ou à la batterie.

Les changements d'objectif sont prescrits par le commandant de l'artillerie; mais les commandants d'unités peuvent, lorsqu'il n'est pas possible d'en référer immédiatement à l'autorité supérieure, ordonner, sous leur propre responsabilité, des changements d'objectif; ils rendent compte, sans retard, de cette mesure à leur chef direct.

Choix et reconnaissance d'une position.

Art. 5. — Une position de batteries consiste en une zone définie de terrain sur laquelle l'artillerie cherche sa place pour faire concorder son action avec celle des autres troupes. La place occupée par une batterie dans la zone de terrain qui constitue la position porte le nom d'emplacement de la batterie. Aux colonies, la position et l'emplacement se confondent souvent; néanmoins, la distinction est utile à établir, parce que la position correspond à l'emploi tactique de l'arme, tandis que l'emplacement correspond à son emploi technique.

Avant toute autre considération, la position de l'artillerie doit donc dépendre du but tactique. Cette obligation limite tout d'abord un espace de terrain dans lequel s'exerce le choix du commandement. Dans cet espace, la position elle-même est déterminée par la facilité de l'accès, l'étendue du champ de tir, la visibilité de l'objectif et la nécessité d'assurer à l'artillerie une protection efficace. Aux colonies, la proximité de ravins couverts, de bois, etc., rend souvent cette protection difficile à assurer par les troupes d'infanterie déjà engagées, et il est nécessaire d'affecter à l'artillerie un soutien spécial. Ce soutien sera demandé soit au commandant en chef par le commandant de l'artillerie, soit aux commandants d'unités d'infanterie par les commandants d'unités d'artillerie placés sous leurs ordres.

Toute unité d'artillerie qui reçoit l'ordre de s'engager doit avoir des indications précises sur la position à occuper, sur les voies d'accès qu'elle peut utiliser, sur la protection qu'elle recevra soit des troupes voisines, soit d'un soutien spécial; les commandants de batteries doivent être dégagés de tout souci relatif à la sécurité des unités qu'ils commandent.

Occupation de la position.

Art. 6. — Dès que le commandement juge nécessaire d'engager l'artillerie et qu'il a fait reconnaître la position à occuper, il désigne les batteries qui doivent se porter en ligne et donne aux commandants des batteries toutes les indications nécessaires à l'exécution du mouvement et à l'ouverture du feu.

Le commandant de la batterie (nous supposons qu'il ne s'agisse que d'une batterie) met sa batterie en mouvement, donne au chef de la troisième section toutes les indications nécessaires sur l'itinéraire à suivre et se porte rapidement sur la position avec le lieutenant en premier et un trompette. Arrivé sur la position indiquée, il détermine l'emplacement à occuper par les éléments de la batterie.

Pour assurer l'efficacité du tir, on doit chercher : 1° à voir, afin de bien battre le but; 2° à ne pas être vu, afin de se soustraire, autant que possible, aux effets du tir de l'artillerie ennemie. Mais la condition essentielle, celle qui domine tout, est de voir : c'est ainsi seulement qu'on peut régler le tir, assurer la régularité du pointage et observer nettement les points d'éclatement par rapport au but. En pays montagneux, on peut souvent occuper des pentes par sections étagées si la batterie ne trouve pas sur la position un front suffisant pour se déployer. Cette formation ne doit cependant être employée qu'en cas de nécessité; elle est dangereuse et ne permet pas un réglage de tir facile; on peut l'utiliser surtout lorsque le feu de l'artillerie ennemie est éteint et qu'il est nécessaire de concentrer rapidement des feux sur un objectif déterminé, par exemple, pendant la préparation ou l'exécution de l'attaque ; elle est d'autant plus utilisable que la pente est plus raide.

Il arrive souvent, étant donné la faible hauteur de la ligne de mire au-dessus du sol, que les broussailles rendent presque introuvable un bon emplacement pour les pièces. Dans ces conditions, le commandant de batterie ne doit pas perdre son temps à des recherches infructueuses, il emploie le tir à pointage indirect, auquel les batteries de montagne doivent être particulièrement exercées.

Dès que le commandant de batterie a choisi l'emplacement des pièces et reconnu l'objectif, il apprécie la distance et fixe la partie du but sur laquelle doit être opéré le réglage du tir. Il détermine les emplacements à occuper par les différents éléments de la batterie et le point où le matériel doit être déchargé et remonté. Muni de tous ces renseignements le chef de la 1re section rejoint la batterie, en prend le commandement et la conduit sur les emplacements qu'elle doit occuper. Les chefs des 2e et 3e sections devancent rapidement la batterie à l'arrivée du lieutenant en 1er et rejoignent le capitaine qui leur donne pour l'ouverture et le réglage du tir tous les renseignements nécessaires.

Dès que la mise en batterie est terminée, les chefs de section donnent aux chefs de pièce et aux pointeurs tous les renseignements utiles pour que l'ouverture du feu puisse commencer sans retard.

Le matériel doit être déchargé et remonté derrière le dernier couvert, cette opération devant être dérobée aux vues de l'ennemi; les pièces sont ensuite conduites à bras sur l'emplacement de batterie.

Pour indiquer aux chefs de pièce et aux pointeurs le but et la partie du but sur laquelle doit s'opérer le réglage, le chef de section pointe lui-même une des pièces de sa section et chacun, à tour de rôle, se place derrière l'œilleton et se rend compte de l'opération à exécuter.

Conduite du tir.

Art. 7. — L'exécution du tir donne lieu à deux opérations : 1° Répartition des objectifs. — 2° Exécution des feux.

La répartition du tir sur un objectif déterminé exige de la part des commandants de batterie une connaissance approfondie des propriétés balistiques de la bouche à feu et des effets des projectiles. (Voir un exemple à l'annexe I, page 63.)

L'exécution des feux demande, sauf dans les cas exceptionnels, un réglage méthodique suivi d'un tir rapide et de courte durée.

Pendant les pauses, il y a quelquefois avantage, étant donné que les batteries de montagne ne font que de très rares déplacements, à régler d'avance le tir sur certains points du terrain de la lutte ou sur certaines localités que l'on peut avoir à battre pendant le développement de l'action. Toutefois, comme ces réglages prématurés peuvent donner à l'ennemi des indications sur les desseins du commandement, il faut que le commandant de l'artillerie fixe lui-même les cas où il y aura lieu d'agir ainsi.

Dans tous les cas, le commandement indique lui-même le moment où doit commencer la préparation de l'attaque. Il y a un intérêt majeur, au point de vue de l'emploi judicieux et de l'économie des munitions, à ce que cette préparation ne soit terminée que lorsque les troupes d'attaque sont prêtes à donner l'assaut.

Echelonnement de combat de la batterie.

Art. 8. — La batterie de combat ne se présente pas au complet sur l'emplacement choisi pour la mise en batterie; elle laisse en arrière, sous les ordres du maréchal des logis fourrier, à une distance plus ou moins grande, suivant les abris qu'offre le terrain, mais toujours en relation autant que possible visuelle avec le capitaine, six mulets de caisses et la partie du personnel qui n'est pas strictement nécessaire au service des pièces. Cette fraction constitue le premier échelon de ravitaillement.

La réserve de la batterie, sous les ordres du maréchal des logis chef, constitue le 2e échelon.

Les éléments qui entrent directement en jeu sont : 6 pièces, 12 caisses à munitions, le mulet d'outils, les cadres qui accompagnent ce matériel, le sous-chef artificier et six servants par pièce. Le brigadier-fourrier se tient à la disposition du capitaine.

Dès que le matériel est déchargé, les conducteurs mettent les animaux à l'abri en arrière ou sur les flancs de la batterie.

Le matériel étant remonté et avant de conduire les pièces sur leurs emplacements, les servants font jouer les mécanismes de culasse et les appareils de pointage, dégorgent, nettoient et flambent les pièces. Les chefs de pièce vérifient les armements, font ouvrir les caisses à munitions et distribuer un paquet d'étoupilles aux premiers servants de droite; ils s'assurent que les gargousses et les projectiles peuvent être facilement enlevés des caisses à munitions. C'est le lieutenant en 1er qui désigne d'abord au maréchal des logis chef, puis au maréchal des logis fourrier la hauteur à laquelle doivent s'arrêter les échelons de la batterie de combat. Cette désignation doit laisser à ces sous-officiers une certaine latitude dans le choix des emplacements et des abris à condition que la liaison existe toujours entre eux, soit directement, soit par des intermédiaires.

Il n'est pas possible de fixer d'une façon absolue les distances qui doivent séparer les échelons de la batterie de combat; dans les limites de relation indiquées plus haut, ces échelons seront placés de telle sorte qu'ils se trouvent à l'abri des feux dirigés sur l'emplacement des pièces. Les commandants d'échelons ne doivent décharger les mulets que lorsqu'ils en reçoivent l'ordre du commandant de la batterie.

Remplacement du personnel et des munitions.

Art. 9. — Le principe qui doit présider à toutes les dispositions à prendre pour le remplacement du personnel et des munitions est le suivant : Les échelons de l'arrière doivent se tenir en relation constante avec les échelons de l'avant dont ils maintiennent les effectifs et les approvisionnements en munitions au complet; les combattants ne doivent jamais ni se retirer du combat pour se ravitailler, ni se préoccuper de ce qui se passe derrière eux.

En conséquence, le remplacement des munitions d'une batterie en action s'exécute de la manière suivante : Dès que, dans chaque section, le chargement d'un mulet de caisses est près d'être épuisé, le capitaine fait prévenir le maréchal des logis fourrier par le brigadier fourrier et lui prescrit d'envoyer à la batterie trois mulets de caisses. Ces trois mulets de caisses sont conduits à la batterie par le brigadier fourrier. Le maréchal des logis fourrier demande aussitôt le même nombre de mulets de caisses à la réserve, de manière à recompléter son échelon. Dès que la batterie a épuisé le chargement de trois mulets, elle envoie les caisses vides à la réserve qui les échange contre le même nombre de caisses fournies par la section de munitions.

Tout envoi de caisses pleines ou vides doit être accompagné d'un servant, ou, autant que possible, d'un artificier par mulet. Les servants des pièces doivent avoir soin de prendre alternativement les projectiles dans les deux caisses qui forment le chargement d'un même mulet.

Dispositions après le combat.

Art. 10. — Dès qu'un engagement est terminé, la batterie se rassemble au complet sur l'emplacement indiqué par le commandant de l'artillerie, et le capitaine commandant remet sa batterie, s'il y a lieu, en état de marcher et de combattre. Il forme un groupe des mulets porteurs de caissés vides et se tient prêt à les envoyer au premier ordre au point indiqué comme centre de ravitaillement.

Chaque capitaine commandant établit successivement deux rapports qu'il adresse au commandant de l'artillerie, ou au commandant de l'unité de commandement à laquelle il est attaché normalement.

Le premier de ces rapports est envoyé dans le plus bref délai possible. Il a pour objet de faire connaître la situation de la batterie après le combat et comprend :

1° L'état nominatif des officiers et des hommes de troupe, tués, blessés ou disparus;

2° L'état des animaux tués ou gravement blessés;

3° L'état du matériel perdu ou mis hors de service;

4° L'état des munitions consommées;

5° Des renseignements sur la possibilité de marcher et de combattre.

Le deuxième rapport doit suivre le premier et l'accompagner si c'est possible. Il contient (1) la relation sommaire de la part prise au combat par la batterie; il doit être clair et concis et ne rien omettre d'essentiel. Un paragraphe spécial est consacré à la conduite du personnel. On y signale nominativement les officiers et les hommes de troupe qui se sont particulièrement distingués.

Pour être à même d'établir ce second rapport, il est indispensable que les capitaines

---

(1) Voir annexe II, page 66.

aient exactement tenu note de l'heure où se sont passés les faits les plus intéressants et de tous les ordres qu'ils ont reçus ou donnés.

Des sections de munitions.

Art. 11. — Chaque batterie d'artillerie de montagne comprend une section de munitions. Elle marche avec le train de combat de la colonne sous le commandement de l'adjudant de la batterie. Elle est destinée à assurer pendant et après le combat le ravitaillement des troupes qui s'opère suivant la règle générale donnée à l'article 9 au sujet du remplacement des munitions.

Lorsque le combat s'engage, le commandant de l'artillerie donne aux sections de munitions l'ordre de se rassembler sur un emplacement déterminé en dehors de la route, lorsque le terrain permet de faire un rassemblement. En cas de nécessité absolue, seulement, elles restent sur la route suivie, en arrière d'un point de cette route fixé d'après les indications du commandant en chef.

On a indiqué à l'article 1er que, la lutte d'artillerie terminée, une partie des batteries doit être affectée à des unités d'infanterie pour soutenir le combat sur le front de l'ennemi, tandis qu'une autre partie est destinée à préparer l'attaque au moment opportun, à appuyer l'attaque décisive et à parer aux événements.

Les batteries affectées à des unités d'infanterie sont rejointes sur l'ordre du commandant de l'artillerie, par leurs sections de munitions qui ravitaillent la batterie en munitions d'artillerie et l'unité d'infanterie en cartouches.

Le commandant de l'artillerie doit indiquer d'une manière très exacte au commandant de la section de munitions l'itinéraire à suivre ; il le fait accompagner, s'il y a lieu, et précise, d'après la position de la batterie et la zone d'action de l'unité d'infanterie, l'emplacement à occuper par la section. Il prévient de ce mouvement et de l'emplacement désigné le commandant de l'unité d'infanterie et le commandant de la batterie.

Dès son arrivée sur cet emplacement, l'adjudant se met en relation avec la batterie et le commandant de l'unité d'infanterie et assure le ravitaillement d'après les ordres qu'il reçoit de ces officiers.

La double mission de la section nécessite que, pour ses déplacements ultérieurs, elle ne reçoive des ordres que d'une seule autorité. Cette autorité sera le commandant de l'unité d'infanterie qui a la batterie sous ses ordres et qui, seul, peut se rendre compte des besoins de la troupe qu'il commande. Le commandant de la batterie devra être prévenu de tout déplacement par le commandant qui en aura donné l'ordre et par l'adjudant qui ne devra pas cesser de se maintenir en relation avec la réserve de la batterie.

D'une manière générale, les sections de munitions doivent être maintenues à une distance assez grande de la ligne de feu pour pouvoir dégager le terrain à temps et en ordre en cas d'échec.

Si l'action prend une tournure fâcheuse, le commandant en chef ou le commandant de l'artillerie prescrit aux sections de munitions de se rassembler ou de s'échelonner sur la ligne de retraite, de manière à ne pas gêner le mouvement des troupes.

Dans ce cas, il importe de maintenir quelques mulets de caisses ou de faire déposer quelques caisses à munitions d'artillerie et d'infanterie à proximité des positions de repli ou des lignes de défense qui auront dû être préalablement reconnues et organisées.

ANNEXE I

Exemple de la répartition du tir d'une batterie sur un objectif déterminé.

Supposons qu'il s'agisse de répartir sur la lisière A B d'un bois le tir d'une batterie réglé à 2,600 mètres sur le point milieu C de cette lisière.

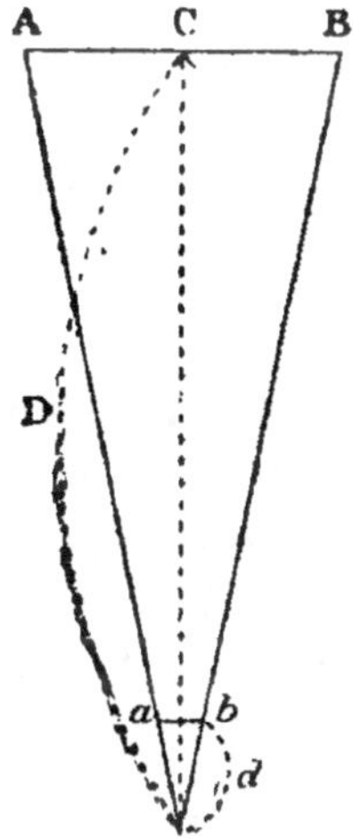

Le capitaine commandant évalue d'abord la longueur A B du but, à l'aide d'une règle ou d'une bande de carton graduée en millimètres, qu'il tient à l'extrémité du bras tendu; d étant la longueur du bras évaluée en millimètres, ab le nombre de millimètres interceptés sur la règle ou la bande de carton graduée par les rayons visuels allant de l'œil aux extrémités A et B du but, et D la distance au but (supposée ici égale à 2,600) on a :

$$AB = \frac{ab}{d} \times D$$

Admettons A B = 200 mètres. Comme il s'agit de répartir simplement les coups sur toute la longueur A B, chaque pièce pourra être chargée de battre une portion de la lisière égale, par exemple, à 8 fois l'écart probable en direction à 2,600 mètres, soit 32 mètres environ.

Dans ces conditions, la dérive étant de $3^m,5$ à 2,600 mètres et une variation de 1 millimètre de dérive déplaçant en direction le point de chute de 5 mètres, les différentes pièces seront pointées chacune sur le centre C du but avec la hausse de 2,600 mètres et les dérives suivantes :

Nos des pièces....	1	2	3	4	5	6
Dérives (mill.)....	—12,5	—6,5	0	+6,5	+13	+19,5

Prenant en effet de part et d'autre du point C des distances C*a*, C*b*, C*c*, et C*a'*, C*b'*, C*c'*, égales à une fois, deux fois, trois fois 32 mètres, on

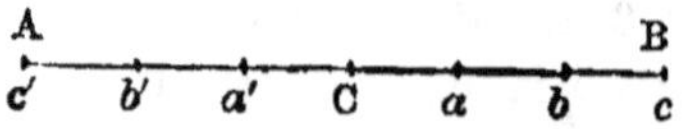

A B
c' *b'* *a'* C *a* *b* *c*

voit que la première pièce battra l'espace *bc*, la deuxième pièce l'espace *ab*, la troisième l'espace C*a*, etc., la sixième pièce l'espace *b'c'*.

Si la planchette des dérives ne permet pas de donner le nombre de millimètres indiqué, les pièces de la première section, par exemple, seront pointées sur le point B, celles de la deuxième sur le point C et celles de la troisième sur le point A. Toutes les pièces tirant avec la hausse 2,600 mètres, les dérives dans ce cas seront :

Nos des pièces....	1	2	3	4	5	6
Dérives (mill.)....	+6,5	+13	0	+6,5	0	—6,5

Si la lisière du bois a une longueur de 300 mètres par exemple, on battra au moyen du procédé indiqué ci-dessus une longueur de 192 mètres à partir de l'une des extrémités B, par exemple, puis on reportera le tir vers A, de manière à battre le reste du front.

Dans le tir en brêche, le procédé est le même que précédemment ; seulement on répartit uniformément les coups en échelonnant les dérives de manière que les lignes de tir de deux pièces voisines soient séparées entre elles à hauteur du but, non plus de 8 fois, mais seulement de 3 à 4 fois l'écart probable en direction.

ANNEXE II

Modèle du rapport à établir par le capitaine commandant sur la part prise par la batterie dans le combat.

Sommaire des ordres à la suite desquels la batterie est venue occuper la position. Renseignements donnés à ce sujet. Rôle tactique dévolu à la batterie.

Place de l'artillerie dans l'ordre de bataille.

Description sommaire de la position. Configuration générale et commandement. Débouchés. Nature du terrain et particularités du sol. Dispositions prises pour assurer la sécurité de la batterie.

Occupation de la position. Heure à laquelle la batterie a reçu l'ordre de se porter en ligne. Marche vers la position : itinéraire, allures, formation. Mise en batterie. Emplacement des réserves. Heure à laquelle la position a été occupée.

Conduite du feu. Objectif assigné. Projectiles employés. Ordres reçus pour la concentration des feux et les changements d'objectifs. Heure du commencement du feu. Heure de la cessation du feu.

Munitions consommées. Dispositions prises pour leur remplacement. Pertes en personnel et en matériel.

Changement de position. Ordres donnés en vue de la reprise du feu.

Conduite du personnel.

Approuvé :

Paris, le 12 mars 1889.

Le Vice-Amiral, Sénateur,
Ministre de la marine et des colonies

JAURÈS.

TABLE DES MATIÈRES

CHAPITRE I

PRINCIPES GÉNÉRAUX

CHAPITRE II

MARCHES

CHAPITRE III

STATIONNEMENT

CHAPITRE IV

COMBAT

Paris. — Imp. milit. Henri CHARLES-LAVAUZELLE

www.ingramcontent.com/pod-product-compliance
Lightning Source LLC
LaVergne TN
LVHW020035170826
845678LV00001B/265

* 9 7 8 2 3 2 9 6 9 5 9 1 4 *